JN439698

꽃밭에 돌을 심었다

〈시와여백〉
그 일곱 번째 여정

꽃밭에 돌을 심었다

문소윤 외 지음

시인동네

우리들의 베스트 찾기

◉ 정신재 〈시와여백〉 회장

미국에서 기독교인들의 인사말로 'The best is not yet to come'이란 말이 있다. 우리말로 정확히 번역하기는 어렵지만 '최고는 아직 오지 않았다. 곧 오고 있다' 정도로 해석해야 할 것이다. 시인에게 최고의 순간은 아직 오지 않았지만, 다만 그 순간을 위하여 열려 있다. 왜냐하면 시인은 영원에 새길 작품을 생산하는 위치에 있기 때문이다. 오늘날 현대화된 도시 안에서 아직도 시를 감상하는 독자들이 많은 것은 바로 그 영원에 남을 작품이 어디에 있는가를 끊임없이 찾고 있는 자들이 있기 때문이다. 그것은 세계를 향해 자아를 확장하여 가는 작업일 수도 있고, 인간미가 있는 존재를 탐색하는 작업이 될 수도 있다. 아무튼 시라는 언어 예술은 우리의 구미를 당기기에 충분하다.

우리 시단에서 1998년부터 활동하기 시작하여 2010년부터 매년 동인지를 상재하여 오다가 금년에 일곱 번째 시집을 출간하는 동인 모임이 있다. 이름하여 〈시와여백〉. 시를 통하여 여운을 남기고, 여백을 통하여 시를 모색한다는 취지에서 생긴 이 모임은 서정주의를 지향

한다. 2010년대의 서정주의는 신서정을 자유자재로 구사하는 편이다. 불협화음 가운데서 실재를 모색하기도 하고, 미(美)와 추(醜)의 경계를 넘나들며 언어 놀이를 펼치기도 한다. 중요한 것은 이와 같은 활동이 꾸준히 지속된다는 것이다. 매년 봄과 가을, 또는 여름과 겨울에 시인학교를 열어 시적 수준을 업그레이드하는 모임을 가지기도 하고, 번개팅을 통하여 들고 나온 시를 즉석에서 낭송하고 합평하기도 하는 작업은 하나의 언어 놀이 문화로 자리 잡아 가고 있다. 또한 매년 문학상 시상을 통하여 좋은 작품을 골라내는 일을 하기도 한다.

우리가 왜 이러한 일을 하는가. 시에는 인간미가 녹아 있고, 진실이 함축되어 있기 때문이다. 그래서 비록 남들이 백수라 하든 말든 계속 시를 쓰고 낭송하고 문예지에 발표하는 것이다. 시가 좋은 사람들이 인간미 있는 세계를 모색하는 것만으로도 충분히 행복할 만한 가치가 있는 것이다. 이번 동인지 『꽃밭에 돌을 심었다』에도 우리들이 찾는 인간미가 녹아 있다. 이는 우리들의 자아가 세계를 향하여 확장하여 가는 과정에서 얻은 귀한 열매이다. 이러한 작업이 계속되는 한 우리들의 행복한 언어 놀이도 지속되리라 믿는다. 내년에도 더욱 분발하여 좋은 작품을 추수하기를 기대한다.

차례

책을 엮으며

제7회 〈시와여백 문학상〉 특집

초대시인

박성규

조두희

강숙영

한영호

성일

전영칠

박승기

특집

문소윤

제7회 〈시와여백 문학상〉

수상작_델리에서 부르는 참꽃 연가

경남 창녕 출생. 2009년 《시문학》 등단.
시집 『피어라 꽃』 외 다수의 공저가 있음.

델리에서 부르는 참꽃 연가

여자들의 이마에
꽃물 도장이 찍힌 것을
인도 여행 중에 보았다
임자가 있으니 넘보지 말라는 것이란다
이별이나 사별을 하면 이 꽃을 내린단다
여자가 피었다는 것
비로소 꼭대기까지 올랐다는 것이다
정상에 피운 꽃 헛꽃이 아니다는 것이다

나는 내 깊숙한 꽃잎 한 장을
이마에 붙일까 말까
후미윤의 무덤 한 바퀴를 다 돌도록 들고 있었다

부추밭에서

어제같이 무성하던 부추밭에 서리가 내렸다
쓰다 지우다를 되풀이한 여백에
바싹 몸을 굽힌다
죽을힘을 다해 뽑어 올렸지만
미처 완성되지 못한 행간들이 싸늘하다
시가 쑥쑥 자랄 때 한 번이라도
내 시의 씨주머니를
깊게 들여다보지 못했다
돋아나는 족족 먹기만 했지
잘리는 아픔에 대해서 돌아볼 줄 몰랐다
계속 밀어 올려야 하는 뿌리의 고단함을 한 번도
어루만져 주지 못했다
오랜 휴식이 필요한 부추밭에서
빈 바구니를 들고 일어서는 내 뒤통수에
아파하지 마세요
쉰다는 것은 다시 돌아갈 길을 닦는 거예요
축 늘어진 부추들을 앞에 두고
접어놓은 시집을 다시 펼친다

개와 벚나무

몽환사 올라가는 길
아름드리 벚나무에 새까만 결심들이
오지게 매달려 있다
바닥에 떨어져 밟힌 자국들이 새까맣다
떨어지지 않으면 이룰 수 없다
벚꽃이 활활 끓을 때
저 벚나무 아래에서
개 두 마리 흘레붙고 있었다
단호한 단결
두 마음 모아서 벚나무 둘레를 재는
순서 따위는 거치지 않았다
살이 닿지 않는다고 손가락을 키우지도 않았다
같이 밥을 먹거나 커피도 마시지 않았을 것이다
애타는 눈으로 서로를 바라보지도 않고
내가 너를 얼마나 사랑하는지 모르지
잠꼬대 같은 다짐도 하지 않았다
짧은 몰입 끝에 서로 등을 돌린 채 헐떡거리다가
긴 연결을 풀고 있었다

버찌, 지금쯤 출산했을 그 아이들 눈망울 같은

화단의 돌들

우리 집 화단에 돌과 꽃나무가 어우러져 있다
꽃밭에 돌을 심었더니
꽃은 돌을 치마폭에 숨기는 근성이 있다
자산홍 영산홍 철쭉이
함께 놀자며
치마를 걷어 올린다
설거지를 미뤄놓고 하루 종일 앉아 놀고 싶은 돌
친구들이 찾아와서 입방아 찧는 돌
딱지놀이 하는 내 아이들이 탁탁 때린 돌
신열 나는 돌의 이마를 아무도 짚어주지 않는다
꽃 치마는 바람 따라 가버리고
돌은 하염없이 피어 있다
섬처럼 피어서 둥둥 떠 있다
해가 져도 식지 않는 돌의 꽃 구들에
몸을 지지면서 한 사나흘 앓고 싶다

나방

저녁 밥상머리에서
지난주 맞선 본 남자와 속도가 있느냐며
어머니는 눈도 맞추지 않은 채 질긴 시래기를 씹는다
몇 번 데이트 후 소식이 없다는 말 차마 하지 못하고
가로등이 청승 떠는 공터로 나왔다
나무 의자에 곰곰 앉아 원인을 따져보고 있는데
어디선가 날아온 나방 한 마리 손등에 앉았다
녀석은 살갗을 걸어 다니며 간을 본다
맞선 때마다 퇴짜 맞은 원인을 탐색한다
살갗 여기저기를 흠흠거린다
나를 맛본 녀석은 노처녀로 늙어갈 수밖에 없다며
빈 성찬에 수저를 놓는다
날개 한 벌 걸쳐주지 않고 훽 날아가 버린다

놀이를 통한 실재의 모색
—문소윤論

● 정신재(『한국 현대시』 주간)

1. 언어 놀이의 미학

살다 보면 잘 놀아야 착상이 잘 떠오를 때가 있다. 그래서 잘 노는 사람이 일도 잘한다. 시인도 잘 놀아야 한다. 이상(李箱)은 잘 놀았다. 기생 금홍과 잘 놀았고, 변동림 여사와 멋진 결혼도 하였다. 「오감도」 연작시를 통해 시인과 건축가의 경계를 넘나들었고, 의식과 무의식 사이를 누비며 내면 심리를 여행하기도 하였다. 그러다 보니 오늘날 이상(李箱)과 관련한 학위 논문들이 200여 편이 넘게 쏟아져 나와 그 가치를 발하고 있다. 시인 천상병도 술 마시고 놀다가 「귀천(歸天)」이란 좋은 작품을 내놓을 수 있었다.

문소윤 시인은 삶을 즐길 줄 안다. 그것도 일상을 즐길 줄 안다. 그의 일상에서 찾는 언어 놀이는 인간미를 찾는 데에 집중된다. 그리하여 그의 실재(實在)—진리라고 가정된 세계—찾기는 존재의 인간미를 발현하게 하는 데 있다고 보아야 할 것이다. 그는 이를 통해 행복을 찾는 길을 제시한다. 행복은 주어진 일상을 참신하게 새롭게 엮는 데서 피어날 것이다. 시인은 베란다에서 화초를 가꾸며, 집 주변을

산책하며, 그리고 먼 곳을 여행하며 행복의 맛을 느낄 줄 안다. 최근 시인이 인도를 여행하며 놀다가 온 모양이다. 잘 놀다 와서 그런지 시도 역시 상큼하고 인간적인 데가 있다.

여자들의 이마에
꽃물 도장이 찍힌 것을
인도 여행 중에 보았다
임자가 있으니 넘보지 말라는 것이란다
이별이나 사별을 하면 이 꽃을 내린단다
여자가 피었다는 것
비로소 꼭대기까지 올랐다는 것이다
정상에 피운 꽃 헛꽃이 아니다는 것이다

나는 내 깊숙한 꽃잎 한 장을
이마에 붙일까 말까
후미윤의 무덤 한 바퀴를 다 돌도록 들고 있었다

—「델리에서 부르는 참꽃 연가」 전문

시인은 삶과 죽음의 경계에 서서 여성으로서의 자의식을 생각하여 본다. "임자가 있으니 넘보지 말라는" 표식, "이별이나 사별을 하면" 내려져야 하는 꽃. 이것이 시인이 인도에서 본 여성 문화다. 시인은 거기에서 "정상에 피운 꽃"을 본다. 그것은 여성미라 할 만하다. 시인은 이 여성미를 통해서 여성성을 확인한다. 시인이 확인한 여성성은 그 범주가 넓다. 남성과 여성, 만남과 이별, 바닥과 꼭대기, 삶과 죽음을 포괄하는 시선으로 바라본 세계는 무한에까지 열려 있다. 그 세계에서 시인은 "내 깊숙한 꽃잎 한 장을/이마에 붙일" 수도 있고, 뗄 수도 있다. 곧 그는 무한으로 열린 세계를 바라보는 시선을 가지고 개인의 실존적 선택을 할 수 있는 여유가 생겼다고 보아야 할 것이다.

이렇게 볼 때 시인은 한국과 인도라는 지리적인 경계를 넘어 삶과 죽음, 남성과 여성, 붙임과 뗌을 선택할 수 있는 개인의 자유를 만끽하고 있다. 여기서 자유는 개인의 권리이면서 미를 향유할 수 있는 여유이기도 하다. 열린 세계를 바라볼 수 있는 시선, 미를 관조할 수 있는 여유, 이것이 이 작품이 가지는 미적 특색이라 할 만하다.

2. 환유의 미학

시작(詩作)을 한다는 것은 무(無)를 향해 나아가는 것이다. 무(無)는 유(有)를 만들어낸다. 곧 무(無)가 있어야 유(有)가 생성될 수가 있는 것이다. 그래서 시인은 고독이라는 무(無)에서 작품이라는 유(有)를 생산하고, 유(有)에서 무(無)로 나아간다.

어제같이 무성하던 부추밭에 서리가 내렸다
쓰다 지우다를 되풀이한 여백에
바싹 몸을 굽힌다
죽을힘을 다해 뽑어 올렸지만
미처 완성되지 못한 행간들이 싸늘하다
시가 쑥쑥 자랄 때 한 번이라도
내 시의 씨주머니를

깊게 들여다보지 못했다
돋아나는 족족 먹기만 했지
잘리는 아픔에 대해서 돌아볼 줄 몰랐다
계속 밀어 올려야 하는 뿌리의 고단함을 한 번도
어루만져 주지 못했다
오랜 휴식이 필요한 부추밭에서
빈 바구니를 들고 일어서는 내 뒤통수에
아파하지 마세요
쉰다는 것은 다시 돌아갈 길을 닦는 거예요
축 늘어진 부추들을 앞에 두고
접어놓은 시집을 다시 펼친다

—「부추밭에서」 전문

서리가 내린 부추밭에서 "빈 바구니를 들고 일어"설 수밖에 없는 화자의 모습에서 시작(詩作)의 고통을 조금이나마 이해할 수가 있다. 그토록 많은 시간을 시작(詩作)에 쏟아놓고도 빈손으로 되기가 허다한 시인의 고충이 "서리 내린 부추밭" 비유에 잘 나타나 있다. 시작(詩作)은 시의 종자를 가꾸어서 생명력 있는 언어 예술로 바꾸는 것이며, "계속 밀어 올려야 하는 뿌리의 고단함"을 감내하는 것이다. 그래놓고도 빈손 들고 일어설 때가 많다. 그러나 화자는 여기서 절망하지 않는다. "쉰다는 것은 다시 돌아갈 길을 닦는 거예요"라며 다시 새로운 마음가짐을 가지는 것이다. 시인은 이와 같은 작업을 서리 내린 부추밭에서의 부추 찾기라는 환유로 표현하였다. 이는 그의 시작(詩作)이 끊임없는 사색의 결과라는 것을 말해준다.

3. 어울림의 미학

세계는 어울림으로써 존재와 사물의 가치가 드러난다. 그리고 그 존재와 사물이 서로 관계를 맺음으로써 생명력이 유지된다. 시인은 화단에 있는 사물을 보고 그 이치를 깨달은 것 같다.

우리 집 화단에 돌과 꽃나무가 어우러져 있다
꽃밭에 돌을 심었더니
꽃은 돌을 치마폭에 숨기는 근성이 있다
자산홍 영산홍 철쭉이
함께 놀자며
치마를 걷어 올린다
설거지를 미뤄놓고 하루 종일 앉아 놀고 싶은 돌
친구들이 찾아와서 입방아 찧는 돌
딱지놀이 하는 내 아이들이 탁탁 때린 돌
신열 나는 돌의 이마를 아무도 짚어주지 않는다
꽃 치마는 바람 따라 가버리고
돌은 하염없이 피어 있다
섬처럼 피어서 둥둥 떠 있다
해가 져도 식지 않는 돌의 꽃 구들에
몸을 지지면서 한 사나흘 앓고 싶다

—「화단의 돌들」 전문

시인은 "꽃밭에 돌을 심었"다고 표현하였다. "꽃"은 생명이 있는 것이고, "돌"은 자연에 놓여 있는 것이다. 시인은 "꽃"을 "돌"로 치환함으로써 그 "돌"에 생기를 불어넣으려 한다. 일반적으로 돌은 꽃의 배경 역할을 하는데, 시인은 꽃을 주체로 하여 돌을 끌어들이는 반전을 시도하였다. 그리하여 그동안 타자에 머물렀던 "돌"을 주체의 위치에 놓음으로써 "돌"의 매력을 간파하게 된다. 여기서 시인의 페미니즘을 엿볼 수 있다. "돌"과 "꽃"을 남녀로 치환하는 것이 가능하다면, 여기서 시인은 포로포즈에서 늘 수동적 위치에 있어야만 했던 불문율을 깨고 여성의 능동성을 강조하는 쪽으로 나아간다. "해가 져도 식지 않는 돌의 꽃 구들"은 남성의 열정을 환유적으로 표현한 것이라고 볼 때, 그 열정을 활용하는 "꽃"의 능동성이야말로 그의 페미니즘이 얻은 열매이다.

4. 인간미의 발현

시인이 자아의 확장을 통하여 인간미를 발견하는 존재라면, 문소윤은 일상과 인간 본성에서 인간미를 발견하는 데 방점을 찍는 시인이라고 할 수 있을 것이다. 그는 「부추밭에서」에서 시가 가진 생명력을 찾아내었고, 「델리에서 부르는 참꽃 연가」에서 여성성의 정점을 발견하였으며, 「화단의 돌들」에서 여성의 능동성을 강조하였다. 이렇게 볼 때 그의 페미니즘은 여성의 우월성을 강조하는 것보다도 양성 평등의 입장에서 인간미를 발현하는 원동력이 무엇인가를 찾아내는 데 주안점을 두고 있다는 것을 알 수 있다. 존재의 인간미를 향한 그의 인간 탐구가 영원으로 이어지기를 기원한다.

■ 초대시인

<< 유안진

1965년 《현대문학》 등단.
시집 『다보탑을 줍다』 『거짓말로 참말하기』 『둥근세모꼴』 『숙맥노트』 등 17권의 시집과
『지란지교를 꿈꾸며』 외 다수의 산문집이 있음.
〈목월문학상〉 〈한국시인협회상〉 등 수상.
대한민국예술원 회원.

달밤을 짖는 개

눈 이불로 세상을 다 잠재우고
신명(神命) 받은 달이 둥근 걸음 하시니
어쩌랴 삽살개 저 혼자 누리는 달밤

저 홀로 호강 겨워
저 홀로 슬픔 겨워
신음도 저 홀로 비명으로 높아져
짖는 개 이어 짖어
마을 길 이어져
달빛 가는 어디까지
무조건 내 고향 내 어머니 나라

달밤 짖는 삽살이가
훨씬 더 시인이니
짖는 그 울음이 훨씬 더 절창이니.

모든 시인은 2월에 태어났다

그 흔한
명절 국경일 임시휴일…… 하나도 없다
이렇게 무시당하게 놔둘 순 없다고
시인들이 태어났다
2월(2월 異월 利월 離월 里월 移월 裏월)족
졸업 없는 학생
월급 없는 직업인
모든 시인은 한민족이다.

골라서 운다

한여름 정오 벌건 대낮을
풀 그늘 한쪽 골라 목을 놓는 베짱이

뿌리까지 말라붙은 늦가을 한밤중을
돌멩이 하나 기대어 엎드려 우는 귀뚜라미

죽음 앞서 우는 삶이 있고
죽음 앞에서 우는 삶이 있지

생애를 바치는 울음이기에
죽음은 삶을 신성하게 울리나봐.

가을에는 날마다 떠나간다

마지막 한마디처럼, 안 잊히는 한 구절처럼
매달린 마른 잎들 바르르 떤다, 발자국도 잎 향기도 무겁다

가을에는 날마다 떠나간다
가는 이 없이는 가을이 아니니까
가을을 다 가지고 가버린 다음에야
남겨지는 가을이 온다, 나도 가을이 된다
거리마다 나뭇잎들 다 쓸려가고, 그 많던 인파도 다 떠나가고
거리를 치달리는 바람 거슬러, 걷고 걸어도 나는 남겨진다

떠나가는 가을과 남겨지는 가을은 같은 가을일까
떠나가는 웃음이 웃음일까, 남겨지는 미소가 미소일까
참지 마라, 울어도 된다

파스 냄새

꽃구경 인파에서
엄마 냄새가 지나간다

반찬 냄새를 앞지르던
파스 냄새
속옷 속 조각옷 파스
엄마 냄새는 화장품 향이 아니었지

파스 붙이고 연고 바르는
오늘, 내 몸에서 풍기는
냄새, 아아 엄마 엄마.

<< 박 성 규

2004년 《시인정신》 등단.

시집 『꽃아』 『멍청한 뉴스』 『오래된 곁눈질』 『어떤 실험』 『이제 반딧불을 밝혀야겠다』 외 다수가 있음.

현재 대구문인협회, 일일문학회 회원으로 활동 중. 〈시나루〉 동인.

틈

아스팔트와 콘크리트 길
사이의 틈에
제비꽃 한 포기 꽃을 피웠다

봄 마중 나왔으려나
제비를 기다리려나

한 며칠 보랏빛 등불을 켜고 서 있더니
상처투성이 몰골로 등불을 내려놓고는
끝에 일어나지 못했다

제비꽃이 머문 자리
생과 사의 앙금이었다

게으름 피운 사이

십수 권의 시집이
책상 위에 진을 친다

큰맘 먹고
단숨에 읽으리라 밤을 새웠는데
겨우 몇 장 읽었을 뿐이다

詩는
한꺼번에 벼락치기로 읽는 것이 아니라
천천히 사색의 창문을 통해
몰래 비밀스럽게 훔쳐보아야 하는 것

죽는 날까지 밤을 새워가며
제대로 음미할 시
몇 편이나 될까

들말*의 별

들말 하늘에 뜬 별들을
검은 보자기로
꽁꽁 싸매었더니
서로서로 빠져나오려고
발광을 하네

발광(發光)이 뭔지
알긴 아나보다
저리도 빛내는 것을 보면

---

*들말: 경주시 평동의 지명 이름.

빨간 우체통

빨간색 우체통을 달았다
우체통이 있으니
눈 소식 그득 담은 소식 올려나

삼남의 눈은
황동규 시인이 쓸어 가버린 후
쌓이기는커녕
흩날리는 기회도 드물었다

누가 내게 편지를 보내주랴
몇 달이 지나도 우체통에 꽂히는 것은
요금 고지서뿐

오늘도 우체통 앞에서
첫눈 소식 기다리다
지는 해 두고 들어오지만

아무 소식 없는 저 우체통

월급쟁이

월급쟁이를 그만두었다.
항간에 떠도는 소문에는
구조조정 칼바람에 잘렸다 했다.

억지로 대가리 들이밀고 살기보다는
차라리 다 때려치우고
낙향해서 사는 것이 좋다고 하여
월급쟁이를 그만두었다.

—누런 봉투 속에서 짤랑거렸던 소리가 들려온다
—아내의 잔소리도 들려온다
—밀린 요금 납부 통지서가 우체통에서 고함친다

무일푼으로 사는 지금
이대로 살다간 제 명에도 못살 것 같다
국민연금 수령하는 날
다시 월급쟁이가 되겠지만

<< 조 두 희

1997년 《시인정신》 등단.
시집 『길에서 쓰는 편지』 『가슴속 깊은 곳에 그려둔 그림』이 있음.
한국문인협회 회원.

얼레지의 연가

바람난 여인들의 설렘
저녁 강물처럼 홀연히 찾아올
건장한 남정네들을 기다린다

바람 붙들어 춤을 추며
욕정을 멀리 날려 손짓하며 부른다

얼레지 꽃들
정갈하게 고운 모습으로 단장하고
—놀다 가세요
물도 흠뻑 주시고요
며칠 머물다 가도 좋아요

오늘밤은 별이불 덮고 누워
쓰러뜨려 눕힐 상대는 없어도*
그리운 님 품에
으스러지게 안기는
황홀한 꿈을 꾸어야겠어요

---

*김선우 시인의 얼레지에서.

큰달님*

바깥 날씨가 어지간히 추운가 보다
달이 들어와 앉아 있다

이 구석 저 구석 살피느라
밤새 얼마나 춥고 힘들었을까
떠나는 달님을 따뜻하게 보내야겠다

난로에 불을 지피고
따끈한 커피를 내린다

수많은 사람들의 소원을 받아 적고
함께 빌어 주었겠지
눈 덮인 산야에서 배고파 떠는
산짐승들의 소원도 들었을까?

소원을 받아 적은 책자가 무거워
갈 길이 더디겠다

---

* 정월 대보름달.

노고(老苦)*

기억을 놓은 이에게
사랑이 새고 눈물이 흘렀다

허망해 하지 마라
모진 풍파(風波)에도 예까지 노 저어 왔으니
잦은 병고(病苦)에도 슬퍼하지 마라

가는 바람을 배웅하는 숲들도 평온하게 견딘다
지는 꽃의 속마음을 헤아려 봤느냐
수많은 인내를 딛고 아름답게 한 세대를 피웠다
다시 손짓해 집착하겠느냐
떠남을 기쁘게 보냄도 자연의 순리다

우리에게 인제 노고가 있어도
평생 사랑을 안아 머물러 살았으니
남은 미소의 빨간 옷으로 바꿔 입고
세상의 향기로 남게함도 은혜다

노고(老苦)도 아름다운 인생의 끝자락이다

---

*불교에서 이르는 사고(四苦) 또는 팔고(八苦) 중 하나. 늙어가는 괴로움을 뜻한다.

노점(露店)

여린 거미 한 마리
화장실 벽에 노점을 차렸다

한겨울 하얀 타일 벽에
뭔 먹잇감이 오겠는가

인적 드문 골목길에
손 부비며 떨고 있는 노점 주인 곁엔
남루한 초승달만 몇 시간째
노점을 붙들고 서 있다

언제 노점을 거둘 것인가
여린 거미가 짠하다

시(詩)가 오지 않는 날은

지금도 그곳에 가면
그때의 추억이 그대로 앉아 있을까
나를 기다릴까
지금도 고모리* 그 길을 걸으면
젊음이 똑같이 산뜻할까

혼자 걸어도
시의 울림이 종소리를 낼까

지금도 그 찻집에 가면
차향(茶香)이 그대로일까
복숭아꽃 살구꽃**도 피어 있을까

지금도 그곳 시밭에 가면
시를 또 캐어 올 수 있을까

시가 오지 않는 날은

---

*광릉내 숲 인근에 있는 문화 공간.
** 지금도 기억이 되는 찻집 이름.

<< 박 영 신

2001년《시인정신》등단.
시집『요것들』이 있음.

양말을 빨며

이 한 켤레의 양말이
나를 싣고 다녔다

우주와 인연을 같이한 존재의 힘으로
땅을 디뎠다

성스러운 소멸은 보이지 않으면서
조금씩 낡아간다

생명으로 다녔던 흔적 위에

나는 온전히 다 내가 아니었으므로

세탁 물속에서 천천히 풀어지는
삼라만상(森羅萬象)

이 존엄한
한 켤레의 양말

빛

창가에 놓인
고구마
물그릇에 담겨 흙이 없네

발 없어도
신발을 신발장에 넣어두는 마법
어찌 알았을까

고구마, 저 허공에 대하여 열린 마음
누가 알까

실뿌리 같은 새끼들 곁에서
흐물흐물 빈 껍질이 되어가는 어미가 되었네

허공을 줄타기하며
보이지 않는 곳에 붉은 꽃 피우려

넝쿨, 넝쿨 생명의 계단을 오르네

석양

적석사 낙조대 아래 종소리가 산 그림자를 내릴 때
새빨간 노을이 몸 안으로 들어온다

지금은 하루 중에서 가장 부드러운 숨을 쉴 때
바람은 나무들의 맑은 피가 흐르는 곳을 스친다

우주자연, 그 어떤 편린으로부터 나는 왔을까

궁극의 문을 열고 존재를 물어본다, 바람의 처소를 묻는다

바람이 쥘 수 있는 것은 바람뿐
내가 아는 것은 내가 있다는 것뿐

바다로 떨어지는 붉은 해가
심해의 기억을 휘감고 깜깜해지는 저 너머

우리가 보지 못하는 곳에서
순간순간 삶의 뿌리는 움직이며 완전한 침묵을 이룬다

서리

어머니는 서리 맞은 배추를 지푸라기로 동이셨는데

단단한 알배기배추처럼 나도

흰 머리 긴 볕에 깐깐하게 마르고

소금에 절여진 긴 세월 오욕칠정(五慾七情) 양념에 푹 젖어

맛깔스럽게 최고의 맛을 내던 어머니의 김치처럼 완성되길,

찬 이슬에 남아 있는 초록을 힘껏 당겨보는

내 한 포기의 삶

비는 욕망을 잘게 부수고

비가 내려서
먼 여행을 떠나지 않아도 좋겠다
비가 내게로 여행을 떠나왔으니
종일 빗소리와 노닐면
길게 드러눕는 안아주는
빗소리의 황홀에 도취되어도 좋으니
멀리 여행을 쏘다니려는 내 안의 수많은 발들
욕망을 잘게 부수고
마음 빈터에 범람하는 빗소리
비는 헤아릴 수 없이 먼 곳으로부터
여기로 도달했으니
비가 건너온 세상을 다 맞이할 수 있으니
지절지절지절 말도 많으니
그중 한마디의 말이라도 알아들으라고
옹알이하며 천둥 치다가
허공에 파란 빛을 두고 떠나가리니

<< 정 재 학

2004년《시인정신》등단.

시집『세월이 가도 허공에 있습니다』『프로이드 찻집』외 다수가 있음.

현재 한국문인협회 회원, 데일리저널 편집위원,

경기데일리 칼럼니스트로 활동하고 있음.

물에 깃들다

한 무리 새들이 숨어든 고천암 갈대 숲
열두 폭 그림으로 펼쳐지는 저물녘 군무(群舞)
노을에 붉은 크레용 한 번 더 덧칠하고 갔으니

언젠가는 찾으리라 싶은 하늘 높은 길이었네
버들 입술 부르트게 휘파람 불던 강가
아프게도 불러보았을 남겨둔 이름들은

억새 몸을 눕히며 물살을 저을 때
한낱 풀잎이 전하는 소식이라 싶지만
떠나온 애증은 차마 섞지 못하였으리

이제는 부리 마주 대며 온 겨울을 보내야
낮에는 숲길에서 털 속 체온도 나누고
밤에는 삶 울음소리도 괜찮은 파란 강물 위에서

겨울 원두막

겨울을 밟고 언덕을 넘어갈 때, 그 시절 파아란 잎들이 무성하던 고갯길에서 손님을 기다리던 말없는 집 한 채가 있었다. 오로지 네 개의 기둥과 몇 개의 서까래로 지붕을 엮고 넓은 들밭을 향해 사방으로 문을 연 이 집이 있음으로 해서 언덕엔 사람들이 몰려들고 있었다.

벽을 허물고 저 먼 곳을 향해 가슴을 연 열린 마음으로 삶의 겨울을 넘어가야 했다. 잠자리가 날아다니는 언덕 아래로 길게 뻗은 밭이랑처럼 모든 것들이 줄무늬 수박잎으로 덮이던 때. 참외들이 여름 볕에서 노오란 몸으로 익어가는 풍경을 바라보던 말없는 집처럼 나는 겨울 언덕에서 그것들을 바라보고 있었다.

이미 겨울이 된 나의 존재는 언덕 위 원두막처럼 적막에 싸여 있었다. 산허리를 덮던 검은 머리카락은 하얗게 퇴색되고 있었다. 내일을 위해 홀로 남겨진 원두막, 다만 푸른 수박잎으로 덮일 다가올 시절을 향해 겨우 몸을 지탱하는 네 개의 기둥, 사이사이로 거침없이 지나가는 바람과 겨울 달빛이 있었다.

낙화를 지나며

저어기 까마득한 언덕 위
비에 젖은 꽃잎들이 누워 있다

사월 어느 날
찰나를 살다 간 봄의 흔적들이다

우리에게도
화사한 언덕길을 지나던 시절이 있었다

그때의 추억들도
지금쯤 비에 젖어 누워 있을 것이다

저토록 검은 언덕 위에 연분홍 말없이
빗물에 젖어 있기에

이제는 거친 비바람도 비껴가고 있었다

그 시절 우리의 여인도 저들처럼 삶의 비에 젖어 있다면

그녀를 위해

쓰라린 세상의 바람과 달빛, 모두
비껴 주었으면 한다

비에 젖은 그녀 홀로 누워 있을 것이기에

고등어

흔하다고 비웃어도 좋다.
흔한 것이 어디 나뿐이겠는가.
독한 비린내에 고개 돌려도 좋다.
살다 보면 묻히는 것이 비린내뿐이겠는가.
흔하여 가까이 사는 이웃으로
네 곁의 비린내로 산다는 것은
얼마나 깊이 생각한 일이겠는가.
쉽게 죽는다고 비웃어도 좋다.
오래 살아 치욕을 받는 것보다 낫지 않겠는가.
조용히 삶을 접고
쉽게 떠나주는 것만으로도
이 얼마나 행복한 배려일 것인가.
비록 뜨거운 장작불 위에
목구멍 깊숙이 창살을 물고 있다 하여
뜨내기 잡어(雜魚) 취급하지 말라.
누구의 도움도
누구에 대한 원망도 바라지 않는
이 단호한 죽음에 대해

사람들은
등 푸르게 살다 간 이름으로
기억해주지 않겠는가.

무등을 거닐며

구름 밑에서 벌어지는 일들만 생각해야겠다.
오늘 아침 찬 이슬에 젖어 떨어진 굴참나무 가랑잎과
그 위 물기에 젖어 햇빛에 반짝이는 도토리 열매와
늦은 가을에 찾아온, 낯모르는 여인처럼
울컥이는 수줍음으로 핀 쑥부쟁이꽃과
여치 울음소리에서 묻어나는 고별의 쓰린 의식만을
생각해야겠다.

서석대 위에서 밑으로 흘러가는 구름을 보고
여기 천상에도 여치와의 고별이 있고
같은 가랑잎과 도토리와 쑥부쟁이꽃들이 피어 있음을

바람재 초입에서
삶의 가장 낮은 곳에서 신의 피안(彼岸)을 향하여
불의와 거짓과 우울과 무기의 그늘을 거두고
마침내 무등의 개화(開花)를 우러르던,
그리하여 우리가 도시의 구름 밑에서 처음 맞이하였던
최초의 경이와 찬탄의 눈동자만 생각해야겠네.

<< 남 주 희

2003년 《시인정신》 등단, 《현대수필》 등단.
시집 『둥근 척하다』 『오래도록 늦고 싶다』 『길게 혹은 스타카토로』 『꽃잎호텔』 『제비꽃은 오지 않았다』, 산문집 『조금씩 자라는 적막』이 있음.
지식경제부 장관상, 김우종문학상 본상, 한국민족문학상 수상.

빈방을 경험하다

밖을 잠그고
별을 두리번거린 날
태연히 꽃의 모종을 관리하고
이별을 첨부했던

젖을 문 눈알들이
로또를 긁고
목덜미가 부러진 얘기
처녀귀신처럼 돌아다니곤 했다

가끔 굴욕의 뤼팽*인 양 모자를 빌려 쓰고
햇사과를 깎는 소년들이
우주의 별채에서
시시덕거렸다

저녁잠을 세워둔 체
어둠을 보관한 틈새 바람 저물도록
웃자랐고

자귀나무 엉덩이와 동거한 조무래기들이
봄날을 끌고 사라지면
우린 미아처럼 꺽꺽 울었다

한 생의 고백을 누수인 양 흘리던
눈물을 임대한 세 평 어둠을 쟁취하려
칸나꽃, 아픈 척하고

사춘기처럼 생긴 장애아
허전한 입술을 만지며
아득하여 더는 미룰 수 없는 수치심을
차게 흘렸던

---

*루팡

어둠을 분양하다

완전한 어둠을 차지하려
긴 줄에 합류한다
나무의 탄력을
정적을 위장한 불안한 냄새까지 분양 받으려 한다
몸을 들여앉혀 시식한 어둠
아직 컴을 켜지 않았어요, 라는 한 벌의 메시지
주소가 뜨지 않는 창을 버리고
엊그제 개화한 벚꽃, 임대한 꽃이라고 소문낸
종이 글, 뒤적거리는

잎을 구겨 쥐고 있는 앉은뱅이꽃
잠금장치를 풀고
새 울음소리를 들어보라고
어둠의 속말만 귀띔해 새벽을 알리라고

바코드 위를 스친 분양된 씨앗들
줄 밖으로 밀려나고
발자국이 선명한 어둠

빗소리에 끌려 달아나는
여즉 꿈틀대며 후기를 정리하지 않은
왁자한 인기척

순위에 밀린 몇 평의 어둠이 턱을 괴고
사라진 것의 뒤통수를 흘깃거리는

느긋한 움직임

427 버스를 724로 잘못 갈아탔다
눈에 선한 것들이 찬 시야를 당돌하게 통과시키고 있다

눈송이가 굵어지고
짧은 목들이 등을 부축하고 있다
정류장마다 가다 서기를 반복하지만
사람들은 표정을 끄고 머리를 밀쳐둔다
늦은 신발들이 눈을 묻혀 오르지만
눈[目]을 주는 눈[目]은 없다

길남 접골원을 지나
신식 성형외과 앞에서 바퀴가 어정대도
민망한 외투 서넛밖에 모으지 못했다
법원을 버리고 굴레방다리를 붙드는 사이

굵은 눈발 다녀갔다

미래에셋 간판에 홍보용 여자가 반짝반짝 저녁을 물리고 있다

조기 퇴직을 걱정하는 36세 봉두 아재 생각에
입을 삐죽거렸다

해를 옮긴 파라다이스 호텔
새떼를 흩뿌리며 저물도록 버려지고
검은빛과 눈[雪] 빛 사이 꾸벅꾸벅 고요해지려 한다

누추한 잠

늦은 지하철
목이 풀릴 때마다 굵은 주름
시간에 맞물려 기록된다

바짓가랑이 사이로 정거장이 몇 번 빠져나가지만
잠은 회복되지 않는다
탈색된 하루가 빨간 독기들로 차기 전
일찍 후회할 노동의 깃발을 수정해야 한다

누추하게 돌아서는 눈물의 순도를 기억해달라고
뿌리 깊게 구두끈을 조여야 한다

무릎 꺾는 일로 봄은 올 것이지만, 나비 잠 쉬이 풀려 꽃 본 듯 취할 테지만

회복되지 않는, 버려두는 몸의 관용이 초저녁처럼 졸고 어둠을 부양한 저녁 소문 푸르게 살아있다

종내 오지 않는 포만감으로 독배를 탕진한 시간 흩어지면 휘어진 허리 정중하게 부딪칠 수 있을까

저 고단한 잠버릇에 이불 한 자락 덮을, 삶은 때론 신기루 같아 담티역 다음이 세종역이라는 것 몰라도 되는

수컷들의 행위

어둠을 묻힌

나무들의 발이 빠르다 보폭을 줄이며 서두르는 폼이 예사롭지 않다 담벼락을 의탁한 홍매화 관절을 꺾으며 나무로 있길 원한다 리어카에 남은 과일, 떨이라는 이름으로 어둠 쪽으로 손을 들어준다 그림자 지운 새들 반항을 접은 채 몸 시늉만 남기고 유령으로 건너갔다 알전구 허락 없이 마을을 밝히고 수컷 곰의 사타구니 햇잎을 향해 몸 낮추는 행위, 진행 중이다 알들은 몇 바퀴 어둠을 묻혀 부화를 꿈꾼다 마치 어두워야 속사정을 뚫을 수 있는 만화방의 박쥐처럼 두둑하게 받아 챙긴 저녁, 끌려가던 길 불러 모아 24시 편의점으로 허기를 충전한다 수컷 엉덩이를 반기는 그늘, 소멸을 음미하며 스타벅스 커피집이 몰래 입을 탕진한다

불빛 부수고 다시 그러모으는 행위 이미 제각각이다

<< 김 금 자

2008년 《한울문학》 등단.
시집 『어떤 슬픔』 등이 있음.
영월 동강문협 회원, 〈함시〉 동인.

낙엽

석양으로 넘어가는 길목
고단한 낙엽 하나
툭, 하고 떨어져 밟힌다

무엇을 위하여
노을보다 붉은 피를
모두 쏟아내야 했는가?

마지막 남은 힘을 길어 올려
고운 꿈 주워 모아
불꽃 하나 하늘에 수놓고

한 마리 새가 되어
비상하는 가을 여인

볏가리

살 한 점 피 한 방울
모두 내어준 허깨비 같은 볏가리
천연스레 비닐 한 닢으로
머리만 덮고 있네
하늘이 흐르고
빗방울만 후두둑 떨어져도
방앗간으로 실려 보낸
안쓰러운 새끼들 생각
이고 꺾일 아픔을 느끼며
온밤을 지샌다

가을 편지

그대여!

어디 계시다 이제 오셨나요

가을이 깊어갑니다

너무 조용해서 그대의

숨소리가 귀에 들리네요

따뜻한 봄날 냉이꽃

방긋 웃을 때 오셨으면

꽃반지 손가락에 끼워드리고

그대 홍안의 미소를 보았겠지요

이젠 찬 서리가 성성하네요

앞마당 민들레도

산국도 몸을 내렸어요

행여나 그대가 오실까봐

먼 산 바라보며

옆집 황소 눈망울로

눈만 꿈벅거리고 있어요

사랑하는 그대여

순대국밥

서울역 좌편 길가에

오늘도 우리를 기다리는

한양 순대국밥 집

아지매

국밥 한 그릇에

오천 냥만 주면

입이 즐겁고

눈이 즐겁고 마음이 생글거리는

글쟁이들이

이마에 땀을 흘리며

대궐에 정승처럼

하하 허허

막걸리 한 사발과

순대국밥 한 그릇

뚝딱이다

나에게 시(詩)란

하늘이 시다

산이 시다

그리고 사람이 시다

시를 좀 못 써도 모든 것이 시인 것을

내가 더 무엇을 바라랴

<< 권순자

1986년 《포항문학》으로 작품 활동 시작, 2003년 《심상》 등단.
시집 『우목횟집』 『검은 늪』 『낭만적인 악수』 『붉은 꽃에 대한 명상』 『순례자』 『천개의 눈물』 등이 있고, 『Mother's Dawn』(『검은 늪』 영역시집)이 있음.

나문재

파도 발굽에 채이며 맨몸으로 피는 풀
짠 기운 온몸 붉게 물들여도
버티는 풀들이 있다
삶의 개펄에서 밀리고 내동댕이쳐지는 풀들
흙탕물 밀어내며 고개 다시 드는 붉은 풀들
심장 고동 소리는 파도 소리에 자꾸 묻힌다

짠물에 간까지 졸아들다가
다시 햇살에 잠시 풀리다가

비정규적으로 간헐적으로
달빛에 쉬다가
다시 목숨을 위협하는 허기에 휩싸인다

뒷북을 치는 손짓들
뒷전으로 밀리는 목숨들

따가운 햇볕과 모진 바람에 견디는

>

빼곡한 배고픈 시간을 건너는
풀들의 하루가 너무 길다

빨갛게 몸이 타들어가는
지독한 외로움
드센 물살의 폭력에

짜디짠 몸으로 저항하는 풀
소금기 단단한 정신으로 이겨내리라
고단한 밤을 지나가리라

물살 빠져나가면
잔잔한 해풍에 한숨 쉬리라

구월, 맥문동

여름내 스며든 열기에 몸 뒤틀어
보랏빛 숨결 타올라
풀밭 차오르는 맥문동 꽃송이들
수북한 꽃무리
지독한 여름의 지독한 피로가 꽃으로 타올라

침묵한 입들이 털어내는 섬세한 고통의 언어들
멍든 시간이 보랏빛으로 타올라

거친 발바닥들이 귀가하고
바람이 나무들 사이로 방랑하는 사이
쑥쑥 자라는 바람의 키

더위 속에서 커져가던 소용돌이
소용돌이에 휘말려 빠져나오지 못한
여름의 자식들
달빛에 건져 올린 목숨들
검은 밤에 빛나는 타버린 심장들

몽환의 서늘한 밤에 만나는
저 불타올랐던 입술들
맥문동 꽃잎에 피어오르는
멍든 사랑의 맨 얼굴에 맞닿는구나

뜨겁고 아스라한 길 더듬고 출렁이며 견뎌온
헐벗은 발들 살갗이 부풀어
통증이 투명하게 솟구쳐

어지러운 햇살의 어지러운 광기를 빠져나가
가을바람에 몸 부비는구나
풀밭에 번져가는 구월의 서늘한 열병이여.

조국의 밥을 먹겠다

먼 소금 길을 끌려왔다 도적을 물리치다가 도적에게 붙잡혀
이즈하라에 감금되었다 불행한 동포들이 조선 땅에서 황량한
땅에서 고통 받고 있는데 원수의 밥을 먹을 수 없다 천국의
까마귀들이 목청껏 울었다 조국의 심장은 단단하고 영원하리라

벚꽃이 꿈결처럼 피었다가 가슴마다 떨어져 내리는구나 이 붉은
목숨들은 억울하게 죽은 배고픈 백성들인가 도적떼와 싸우다
죽은 용사들의 영혼인가 눈물인가

총칼 앞세운 이방의 도적떼들 조국강산을 유린하여
분노하여 일어났거늘 여기 천리 이방의 섬으로 잡혀와
꼼짝 못하는구나 수천 개의 자갈들이 가슴을 친다 조국을
어찌하노 햇빛과 달빛, 별빛이여 조국의 동포들을 위로해다오

내가 부스러져 한줌 흙이 되더라도
사위어져 한 줄기 바람이 되더라도
꿋꿋이 죽으리라 죽어서라도 조국을 지키리라

꽃이 시들었고 나의 피는 말라가는구나 이제 뜨거운
입술도 다물리라 죽어서도 창창한 빛줄기로 해협을 건너
새처럼 퍼덕이며 사납게 어둠의 도적떼를 몰아내리라

거친 바닷물결로 감옥을 만들었대도 이 한 몸 고통에
짓이겨진대도 소망까지 유린하지 못하리라
젊은 동포들아 살아서 돌아가라 돌아가서 조국을 다시 일으키라
도적 쥐들이 파헤친 푸른 언덕을 다시 고르고 다듬어
일으키라 나 최익현 여기서 해신이 되어 조국을 지키리라

꽃피는 요양원

붉은 고추밭이 에워싼 꿈의 땅
수양버들이 휘늘어져 고즈넉한 변방
변방에도 꽃이 핀다
가을꽃들의 윤무
하늘거린다 남은 꿈이 팔랑거린다

당신이 서성거리는 커다란 집 당신의 풍경이 되어버린 집
당신에게 말을 거는 저녁이 느리게 왔다가 물결처럼 지나가는 새벽
당신이 빛나던 한나절은 한때의 순정만큼이나 희미하다

꿈보다 더 낯선 슬프기도 하고 외롭기도 한 변방
허공에 다리가 걸린다 어제 지나온 거리를 다시 헤매는 발
오래전에 이미 다녀간 흐릿한 온기가 떠도는
외지의 낯선 말, 말투들

꽃들이 허기져 날리는 모퉁이
이파리 흩뿌리며 뿌리를 다지는 저녁이 온다

허기 때문에 바람보다도 늘 가벼워서
위태로웠던 늙은 나무
가을꽃에 몸을 묻히며 낮게 웅얼거린다

젊은 사랑은 기억 속에 잠자고
허물조차 아름다운 변방에
당신이 자란다 찔레꽃처럼 하얗게 웃으며
당신이 여린 꽃으로 핀다

헐렁해진 꿈을 이끌고
사막으로 가는 순례자의 발길
뜨겁게 사라진 강물은 어디에서 넘치고 있나
어디에서 슬픔을 견디고 있나

청보리 사이로 애인이 걸어오네

청보리 사이로 애인이 걸어왔다
구릿빛 사내
동해 물결 소리
보리싹 키울 때
애인의 얼굴은 더욱 구릿빛으로 물들어갔다
청보리 목말라 입술이 타들어갈수록
애인의 가슴도 타들어갔다
애인의 손등이 방게 등딱지보다
더 단단해지고 짙어져 가는 동안
청보리들 눈빛 더 새파래지고
머리를 꼿꼿이 세우며 여물어갔다
사랑은 힘들고 아픈 시간을
물결 소리에 젖으며 달래며
청보리 푸른 노래에 익어갔다
보리싹 익어갈 때
애인의 핏발 선 눈빛이
노을로 타들어갔다

<< 임 남 균

2005년《시인정신》 등단.
공저『지기 위하여 피는 꽃은 없다』 외 다수가 있음.

우포늪

바람과 빛의 족보를 외우고 있는 곳
억새와 갈대가 출렁이는 길
눈가에 물장구친다
모태부터 고요한 만년의 맥박을 만진다
바람과 동침하며 빚어내는 향기
살진 구름 위로 흩어진다
장대한 집터의 속살
밑도 끝도 없는 진흙 세계
그림자도 숨이 멎는다
날개와 비늘 있는 모든 것들
선비 발걸음으로 헤쳐나간다
어디서 한 사연들 물고 들어온
쏙독새, 고니, 큰부리기러기
우포늪의 만년 친구들
물 위에 점들을 지문처럼 찍고 있다
사포늪이 옆에서 고개를 끄덕인다
억새와 갈대가 G선을 튕긴다
달과 별빛이 수시로 잠입하여

물갈이한다
안개와 그리움이 출산되는 곳
늪 속의 비밀은 아직도
늪이다

가을 소묘

그대는 여름과 겨울 틈새에 끼어서
열정과 냉정 사이에 숨어서
바람과 태양 가운데 숙박하다
무슨 생각을 하고 있을까

낭만이 멀어지는 세상 둘레에
그대는 어디에 존재하는가
하늘 한쪽 그늘에서 기거하다
어느 한순간
생각을 잠시 쉬는 짬,

말없이 불현듯 입장하는 우수
천지는 고요히 모든 빛깔들을 섞어놓는다
갈색 앨범 속 월계수 잎 빛날 때
그대는,
어느 낮은 빈 들에 자리 잡는가

추억처럼 등장하여

잠깐 눈 비비고 갈 그대
소리 없는 대답 우수수 쌓인다

시(詩)

시(詩)
그 속에
흙이 보이네
말씨를
잘 뿌려야겠네

감시 카메라

이것이 처음 생겨났을 땐 서커스단이 들어온 줄 알았다 그 앞에서 다섯 손가락이 두 손가락 되는 마술도 부려보곤 했다 동시상영처럼 손과 얼굴을 통째로 내밀어 기분 좋은 동그라미도 그리곤 했다 일어섰다 구부렸다 하는 큰 동작에서부터 눈썹에 내려앉은 공기 한 방울까지 그대로 찍히는 햇빛보다 뜨거운 광선을 뿜어대기도 했다 앞뒤좌우, 암수 경계가 따로 없었다 보잘 것 없는 기계 한 토막이 휘젓는 권력은 골목대장 정도가 아니었다 생김새는 잠자리 눈알보다 초롱초롱했지만 방울뱀 등짝처럼 차가웠다 쇳덩어리 한 조각, 한여름 논밭 개구리처럼 게으름 피지 않고 담배 한 개비 물지 않았다 백내장, 녹내장 증세도 보이지 않았다 그것이 돌아가면 돌아갈수록 그림자 속살까지 드러났다 무상으로 찍힌 대가는 아무것도 없었다 혹 초상권을 들먹이는 이가 있었지만 철조망 같은 유리벽이 단단한 침묵을 동여맸다 숨 한번 쉬지 않고 마술은 사람들의 생각까지 굴절시키고 있었다 공중서커스는 앞으로도 계속될 것이었다

사진

함부로 인생을 카피할 순 없지만
원컨대 일생을 카피할 순 있다

여백과 배경을 설명할
순간의 동행

변화무쌍한 동작은 없지만
밑줄을 고정시키는
단단한 형용사 있다

정지된 혹은 정제된
절정의 온도
빛의 눈꺼풀에서 영원을 캐내어
구름우표 한 장 붙여 발송한다
추억명세서

잠깐,
그림자는 친한 척하지 마라!

<< **강숙영**

2004년《시인정신》등단.
공저『어떤 슬픔』외 다수가 있음.

다시 피는 꽃

온통 제 세상이던 벚꽃거리가 잔뜩
풀이 죽은 얼굴이다
죽어라 퍼 올린 나무의 물관이 그새
기우는 꽃의 시간 앞에 널브러져 있다
아주 오래전
새순이었던 꽃잎들 어느새 내게로 와
나를 바라보는 눈길 물끄럼하다
비 개이고 남은 잎들, 이는 바람결에
휘르르 휘르르 허공을 맴돌고

나와 함께한 한 무리의 여인네들,
주위 시선일랑 나 몰라라 꽃잎, 한 살씩 주워 올려
다시, 날린다, 공중에
한바탕 웃음 속에 순하게 피어나는
호호 꽃, 깔깔 꽃, 왁자지껄 꽃
겸허히 손 내밀어 잡는 세월의 거리에
비호감 수다 꽃이 새삼 환하다

지구의 말

드디어 내가 몸져누웠소
두더지 게임처럼
불쑥 불쑥 튀어나오는 재해 재난에
내 몸 여기저기 깊은 상처가 생겨나더니
이제는 체온계의 걱정 수치가
시간을 재며 오르는 중이라고 하오
응급실에 누워 간신히 입을 열었소
기상관측 이래 처음이라는
도처의 기상 이변에 주목해야 할 거요
우려의 말만 쏟아내고 적극적으로 행동하지 않으면
어느 사이 바다를 지우는 해무처럼
우리 모두
갈 길을 잃게 될지 모르니 말이요

미열에서 고열로 올라가는 머리에
'온실가스 결사반대' '지구 온난화 반대'라고
붉은 띠를 두르고 누운 지구가
단호히 그러나 간절하게 말했다는 것이다

사나운 잠

눈시울이 닫히자
잠 속의 꿈이 내게 왔네
기다렸다는 듯 두 팔 벌려 나를 맞았네

여기가 어디인가
발바닥에 불을 켜고
나는 여기저기 길을 찾아 헤매었네

자꾸 끊기는 길을 돌아
슬픔이 수북이 깔린 거리에서
눈을 뻗어
길을 밝혀 줄 한 줄기 빛을 애타게 찾았네
걸음이 걸어지지 않아
겨우겨우 걸어 다니기도 했었네

줄서서 찾아드는 시련이 잠 속의 꿈만 같아서

꿈속에서 나는 환해지고 싶었네

줄넘기 하듯 훌쩍 뛰어넘어

기어코 꿈속에서 빠져나오고 싶었네

산 낙지

바닷가 횟집에서
토막 난 낙지와 난투극을 벌인다
오로지 오기만 남은 낙지가 사력으로
사기 접시를 붙잡고는 요지부동이다
나는 악착같이
젓가락을 조이며 안간힘을 더하고
드디어 접시에서 캐어낸 다리 토막을 초장에 찍어
입에 넣는다 식구들이 장하다고 깔깔 웃는다
체념을 모르는 집요함으로
입 안 가득 욕바가지를 쏟아내는 낙지의 몸
먹는 내내 약해지는
마음 꽈악 잡고 젖 먹던 힘으로 씹어 삼킨다
아니면 내 목구멍이 무슨 해코지를 당할지
모르기 때문
이판사판의 낙지도 나도 긴장을 늦출 수 없다

치열했던 한 끼 식사가 끝나고
다시

토막 난 채 전력을 다해 맞서던 낙지를 떠올린다
누군들 살아가기 위해서는 어쩔 수 없는 일이라 해도
나여, 굳이
그 눈물겨운 죽음을 불러야 했는지
그것을 안 먹으면 죽기라도 하는 건지

잎꾼 개미

한 무리의 개미들이
나무를 타고 줄줄이 내려오고 있다

제 무게에 차고 넘치는 나무 이파리를
엎어질 듯 등에 지고
앞서거니 뒤서거니 종종걸음 치며
뜨거운 햇살 내려 사막 같은 길을 오르내리며
묵묵묵 제 갈 길을 가고 있다

조그맣고 여린 숨으로 우주의 어엿한 일부가 되는
生의 몸짓이라니!

도저히 그 숭고함을 전할 사람의 말이 없어
옷깃을 여민 작은 눈 걸음으로
감동에 밀리며 끌리며 한 발 한 발
개미들 뒤를 따라 걷는다

한 음절 음절의 녹색 문장처럼
장엄한 서사시 한 편이 리드미컬하다

<< 한 영 호

1996년 《시인정신》 등단.
시집 『내 마음의 도화지』가 있음.
〈시인학교〉 교장.

강릉의 겨울

폭풍 한설 매워
새우처럼 움추린다

동구 밖 싸리문
하 수상하여
창문 열고 바라보면
기러기 울음에도 낙엽은 진다

대청봉 먹구름 무시로 내려와
몇 날 며칠
눈을 뿌리면
경포대 용마루엔 고드름 열고
호수는 소복을 입는다

바닷바람에 허리 휜
갈밭 사이
조각달 비수를 찾으며
내려앉는다

색동 마음

내 마음 크레파스
그대에게 한 아름 안겨
생애의 너그러움 속에
세찬 인생의 그림
가슴에 안기고파

그리워하면서
그리워할 수 없는
가로막는 세월
눈물보다 진한 색깔에

사랑의 촛불
웃음의 보따리 돼
어두워지는 세상에
찬란한 마음의 빛으로
영원히 간직하고 싶어라

뻘을 캐는 아낙들
—몽금포에서

시퍼런 서슬이 하늘을 맴돌다
갯바위 둘러선 개펄에 쓰러져 갔다

뛰놀던 어족(魚族)들 달음질 치고
번뜩이는 물거품만 울음 짓고 누웠다

커다란 집이 아쉬워 뒹구는 우렁이
바위가 그리워 움켜잡고 한숨 쉬는 홍합
백합 모래밭에 혀끝을 빼고 재롱떤다

물 써는 소리 들려오면
하던 설거지 내동댕이치고
부리나케 그물 망태 걸머메고
호미자락 앞세워
바다로 가는 여인

끝없는 개펄엔 호미 소리 분주하다

밀물이 올 때쯤 허리 펴고
한숨을 돌리면
둥근 달 따라
오솔길 초가 멀기만 하다

국수리의 초슬목

한여름 태양의 열기
가시지 않은
강 건너 국수리의 해변
무더위를 피해 나온 사람들로 붐빈다

더위를 끄집어 부두에 던진
강바람 일러 멀리 쫓으며
초저녁 마을을 떠도는 텃새 떼
피곤한 하루 갈대밭에 눕는다

거울 같은 은반엔
조각달이 물끄러미 넘겨보고
어부들 더위를 물에 헹구며
하루의 피로 마음으로 짓누른다

강가의 모기 떼 줄지어 내닫고
늦저녁 밥상엔 짜증만 이는데
지루하던 오늘의 아쉬움의 긴 여운

내일의 투망(投網)을 천정(天井)에 던지며

멍하니 바라본다

눈물 젖은 호수

먼 하늘을 떠도는
내 마음의 구름
어디쯤에서 머물러야 할지

높은 산허리를 둘러 잡고
아쉬움 없는 괴로움 토해내면서
오가는 찬 세월 타래를 푼다

나른한 핏기를 이빨로 깨물며
두려운 눈물 피부은 호수 위에
내 마음 등불 되어
어둠 잠재우리

<< 성 일

2004년《시인정신》등단.
공저『고요로 뜨는 달을 보며』외 다수와 동인시집『이상한 은행』이 있음.

연못

반짝이는 바람 씨앗이
연못가에 앉았습니다.

물 위에 그대를 보며
안다고 말하지 않습니다.

반짝이는 바람 씨앗이

왔다는 말도 못하고
떠난다는
말도 못한 채
연향만 실어옵니다.

공덕 닦으러 오다

만물을 관통한 한 성품을
깨닫지 못하면,

대광명(大光明)을 아무리
명상할지라도,
그대는 고작 집착의 견해만을
수행하였을 뿐입니다

무한 공덕과 텅 빈 공(空)이
하나임을
깨닫지 못하면,
그대는 고작 무기공(無記空)에
빠져 있을 뿐입니다

제 마음의 비 실재함을
깨닫고
공덕 닦으러 올 뿐입니다

일미평등(一味平等)

눈이 부시게 맑은 날
나그네가 길을 간다.
개울가에 흐르는 물소리를
보고 듣고

다양한 사람들을 만난다.
아는 체하면 병중에 병이야
소리치는 사람도 있다

어떤 것이든 무엇을 하든
일미평등이지만
중독과 집착에 빠져서
본분을 잃고 대 자유를 그르치고 있다.
아,
이런 것인가.
반문하며 고개를 돌린다.
소 치는 아이는 소를 몰아가는 데 제일이고
농부는 농사짓는 데 제일이라 하지만

중독과 집착을 벗어나

눈이 부시게 맑은 사람도 만났다.

갈매기

깊은 바다 고요함이
은빛이어라

그윽하게 쳐다보니
낙락 해송 웃고

바위에 앉아 있는
갈매기 떼
맑은 눈망울

깊은 바다 고요함이
은빛이어라

한 소리

한 소리 하지만
버리고 태워버렸네

우주 법계
하나 속에 모든 것이 들어 있고

모든 것이 하나라는 연기(緣起)

무엇 때문에 말 꼬리를
이어가나

나의 집착
그것은 인연이었구려

<< 전 영 칠

1997년 《문예사조》 등단.
시집 『물방울들은 만나면 서로를 안습니다』 『살아있다는 그 끝까지 가고 싶다』 등이 있음.

김삿갓아담

암, 공부는 심정(心情) 공부가 최고여
하늘 그리 말하고 눈물 뿌리시네
그 눈물 뒤를 따라
김삿갓아담이 지팡이 쥐고 건네
성인(聖人)들도 그 뒤를 따라 건네

심정(心情)은 천주(天主)의 골수(骨水)
심정(心情)은 마지막 휘파람 소리
그 소리를 타고 우리들 첫 아비가 가네
심정(心情)이 삿갓 쓰고 허적허적 가네
심정(心情)이 하늘지팡이 집고
육천 년 길을 건네

김삿갓아담—
—그럴 수밖에 없어 타락(墮落)했어
—그럴 수밖에 없어 실낙원(失樂園)을 자식들에게 넘겼어

그 가슴 안에 해금 있네

그 가슴을 열고 해금을 켜네
해금이 스스로 걸으며
아주 많은 슬픔과
아주 가끔 웃음소리도 내네
그 위로 달은 걷고 그러면서
왜 말해도 다 못할 말 다만 가슴속에 담아두고
허적허적 함께 걷고 있네
외로운 이들이, 어깨동무하고 허적허적 걷고 있네
달의 뺨이 녹아 초생달이 되네
마침내 달이 다 녹아 또다시 해금소리를 내네

살아도 산 것이 아닌 사람이 걷네
그 뒤를
살아도 산 것이 아닌 하늘이 걷네
죽어도 죽은 것이 아닌 사람이 걷네
그 뒤를
죽어도 죽은 것이 아닌 하늘이 걷네
아무리 걸어도 집에는 당도하지 못할 거리를

함께 걷고 있네
그 뒤를
누천년(累千年)
그럴 수밖에 없어 역사(歷史)가
휘적휘적 걷고 있네

산 타기

세상은 파고들면 파고 파고들수록
재잘재잘 개울물 넓은 강, 바다가 그리운 겁니다
사람은 만나면 만날수록 더 그렇게 그리운 겁니다
너의 강 나의 강
모두가 비슷비슷하거나 혹은
같거나
그러니까요

세상은 누군들 없어도 저절로 흘러가는 그런 것이고
사람이란 미워지다가
다시 사람이 그리워지고 그러는 겁니다
그러니까 강은 흐르는 겁니다
기실 사람이 싫어서 산으로 가는 것이 아니고
사람이 그리워서 산으로 터벅터벅 가는 것 아닐까요

산으로 가면 바다도 보이고
정다운 이웃도 보입니다
산은 바다라는 울타리로 둘러쳐진 곳이어서 좋습니다

사람과 사람 사이의 울타리를 재보다가
다시 산으로 가서 가만히 앉아 있습니다
숲으로 가득 찬 산은
그저 보이고
덕분에 텅 빈 우주도, 바다도 보이는 겁니다
가만히 앉아 바다를 봅니다
파고들면 무엇인가 보일 듯합니다

봉고차 여행 1

의식주를 태워 길을 따른다
외로워 말자
어디 가든 사람은 있다 그러나
가고 가다 선지식을 만나지 않으면
오늘도 어차피 물거품이다 또 외로움이다
구원의 법망이여 해탈의 마을이여
우주 앞에 서서
영원 아닌 것 또 어디 있으리
오늘도 영원을 만나러 간다
터덕터덕 봉고차 여행
간다

<< 박 승 기

2005년 《시인정신》 등단.

공저 『그리운 사람에게 길을 묻다』 『무엇으로 노래하랴』, 동인시집 『어떤 슬픔』 등이 있음.

현재 〈은행나무〉 편집위원.

돌편지*

1

수년째 주말이면 어김없이 탐석을 나선다는 선배 시인을 호기심으로 두어 번 따라 나선 적이 있는데 지난번에는 우연히 영월 동강을 다녀왔다 그곳에서 새카맣게 빛나는 바탕에 흰 점 두 개가 눈동자처럼 찍힌 작고 앙증맞은 돌 한 점 모셔와 책장 사이에 가만 올려두었더니 몇 날을 눈빛을 교환하며 바로 곁에서 숨 쉬는 듯 교감이 느껴졌다

2

아내가 아프다 여태껏 한 번도 아픈 내색 없던 사람이 언젠가부터 귀에서 소리가 울린다며 얼마 전부터 몇 날 며칠을 심하게 잠을 설쳤다고도 했다 그래 지난밤에는 아내가 먼저 잠들 때까지 함께 곁에 누워 얼마 전에 본 영화 이야기를 속삭이듯 들려주었다 옛날에, 문자가 없던 오래전 옛날에는 자기 기분을 담은 돌을 건네 마음을 전했대 받은 사람은 그 돌의 감촉과 무게를 느끼곤 상대의 마음을 읽었지 매끈하고 잘생긴 돌을 받으면 안심을 하고 울퉁불퉁한 돌을 받으면 상대를 걱정했대 누구에게나 슬픈 일이 있고 언제든 마지막은 꼭 오는데 그것을 미리 알고 모르고 준비하며 산다는 게 쉽지만은

않다는 거겠지, 지금 곁에 있는 사람이 얼마나 소중하고 감사한지…
그러니까 당신, 아프지 마

3

오늘 아침, 며칠 동안 출장을 떠나는 내게 아내가 손을 내민다 이거 가지고 가, 내가 쓴 편지야 지난번 동강에서 가져온 돌이었다 두 손으로 가만히 감싸듯이 건네 잡았다 밤새도록 손에 꼭 쥐고 있었던가 참 따스하다

---

* 영화 〈굿, 바이〉 중에서.

저녁 이미지 연습

바람은 늘 강으로부터 불어왔다, 거기서는
마른 풀잎 끌어안고 서걱이며
일어서는 천주교회의 종(鐘)
소리가 눈을 틔우는 저녁
마악 펼쳐지는 어둠 한가운데, 창틈 사이
눈부신 백광이 투망처럼 떨어져 나와
도란도란
집들은 쫑긋 귀를 세우고 있다
스스로의 무게만큼 바람은 부서지고
그리하여 꼬옥 그만큼의 무게로 확산되는
모색의 손끝에 쥐어지는
차디찬 북풍을 예감하면서
이대로 나는 여기에 머물러 있겠다
산은 산 자리에
하늘은 하늘 자리에
다만 우연한 내가
하나 된 시간을 훔치려 하고
본래 그대로인 어두움의 때

철탄산의 울음, 물 흐르는 소리로 은밀한
영주시 휴천동 하구에는 한참
저녁은 머무르고 있다

꽃밭 일기(日記)
—가라지의 비유(마태복음 13장 24~30절)

1

오늘은 교회에서 꽃씨를 뿌렸어요. 약간 늦었지만 왼쪽 담 밑에는 봉숭아를 심고 바른쪽 담이 없는 곳에는 키가 큰 해바라기를 심었습니다. 채송화는 모종을 했는데 너무 작아서 꽤 힘이 들었지요. 모두들 열심히 하는데도 승이는 장난만 쳤어요. 점심시간 이후에 가진 오락시간은 너무너무 재미있었답니다. 그런데…… 그 시간에 누군가가 꽃밭을 마구 밟아버린 거예요. 어쩐 일일까요 우리는 다시 늦도록 애써 꽃밭을 일구어야 했습니다. 그중에서도 가장 화가 나는 건 내가 제일 좋아하는 백합꽃 줄기를 밟아버린 것입니다

2

며칠 전에 내린 비로 꽃밭에는 생기가 돌기 시작했어요. 새싹들이 노란 고개를 내밀고 모종을 한 것은 더욱 더 싱싱하게 자라났습니다. 우리는 꽃밭 앞에서 함성을 질렀어요. 헌데…… 꽃밭에는 이상하리만치 잡초가 많이 자라났어요. 우리는 모두 잡초 뽑기를 원했지만 선생님은 의견이 달랐어요. 나중에 자라서 확실히 구분 되면 뽑기로 하자.

3

정말 화가 납니다. 누군가 지난밤에 꽃밭에 들어와 이제 막 돋아나는 싹을 마구 밟아버린 거예요. 우리가 모두 승이를 의심했을 때, 주님께선 위에서 모든 것을 보고 계신다는 선생님의 말씀은 도시 이해할 수가 없었어요. 그런데 저녁 예배 시간에 조금 일찍 나온 나는 선생님 앞에서 울고 있는 순희의 목소리를 들었어요. 순희는 다리를 조금 저는 아주 예쁘장하게 생긴 아이입니다. 용서해 주세요 선생님, 모두들 열심히 심는데 장난만 치고 걸핏하면 나를 놀리는 승이가 미웠어요. 승이를 우리에게서 쫓아내고 싶었어요. 멀리 멀리. 이제라도 열심히 기도하면 하나님께서도 날 용서해 주실까요? 하나님, 그때 내 콧등이 시큰거렸던 것은 왜였을까요?

풀잎을 보며

이름 닿지 않는 흔들림이 반짝이고 있다
키나무 그늘 무너지고 바람이 눕는 쪽으로
휘파람 불며, 불며 깨어나는 풀잎,
불망(不忘)으로 눕는 그대의 노래는
밤바람에 묻어오는 외계(外界)의 잠
속눈썹 푸르게 자라나는
우리들 어린 날의 오디빛을 닮아 있다
꽃다운 내 몸짓으로 드러눕는
정작 슬픔은 조금 더 뒤에 있다
한밤중 그대의 잠 끝
돌아서서 너는 버려지고, 상심하여
그 바람에서 너는 마저 버려지고
결결이 숨 가쁨으로 또 나는 얼마큼 흔들리는지
꿈의 씨방이 여의는 예감의 비늘
나의 전체는 외발,
차디찬 반향(反響)으로 돌아서는
오, 새삼스러울 것 없는 일이지만
언제나 이 아침은 들끓는 생기로 충만하다

정물 소묘

그림자는 없다

텅 비어 있는 방과,
소반 위 물 반 컵의 고요에 닿는
벼린 한 줄기 빛살, 고 시선의 끝에
드러나는 내 울음의 뼈

오후 네 시
탁자 위 빨간 사과에
이슬이 세 점 묻어 있다

이 도서의 국립중앙도서관 출판시도서목록(CIP)은 서지정보유통지원시스템 홈페이지(http://seoji.nl.go.kr)와 국가자료공동목록시스템(http://www.nl.go.kr/kolisnet)에서 이용하실 수 있습니다.(CIP제어번호: CIP2017032685)

〈시와여백〉 그 일곱 번째 여정

꽃밭에 돌을 심었다

초판 1쇄 인쇄 2017년 12월 7일
초판 1쇄 발행 2017년 12월 14일
지은이 문소윤 외
펴낸이 고영
책임편집 서윤후
디자인 헤이존
펴낸곳 문학의전당
출판등록 제2017-000002호
주소 서울시 마포구 마포대로 11길 91, 3층
전화 02-852-1977 팩스 02-852-1978
전자우편 sbpoem@naver.com

ISBN 979-11-5896-352-1 03810